La Création.

ALPHABET DES ANIMAUX,

Pour les petits Garçons et les petites Filles bien raisonnables.

Orné de 26 Gravures.

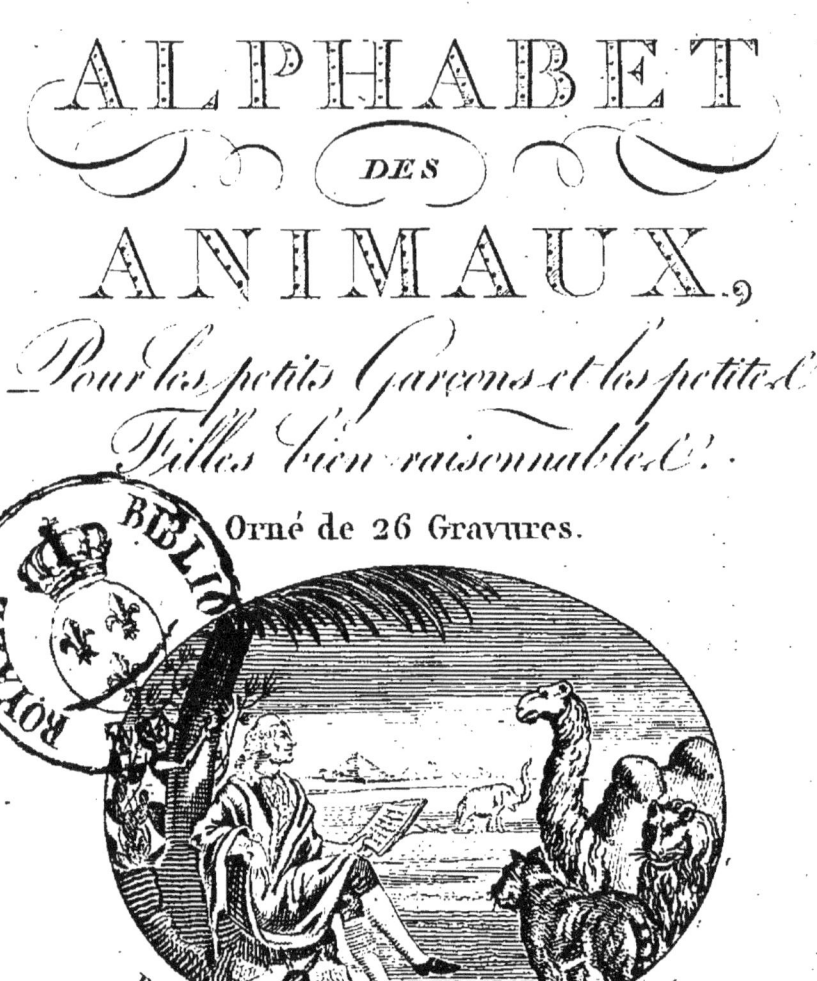

Buffon écrivant l'Histoire des Animaux.

PARIS,

Chez
{ Locard et Davi, *Libraires et Imprimeurs en Taille douce, rue de Seine S.G. N°.54, et Palais Royal, galerie de bois, côté du Jardin, N°.246 et 247, attenant au Cabinet Littéraire*
{ Darne *Libraire, Quai des Orfèvres, N°.18.*

1817.

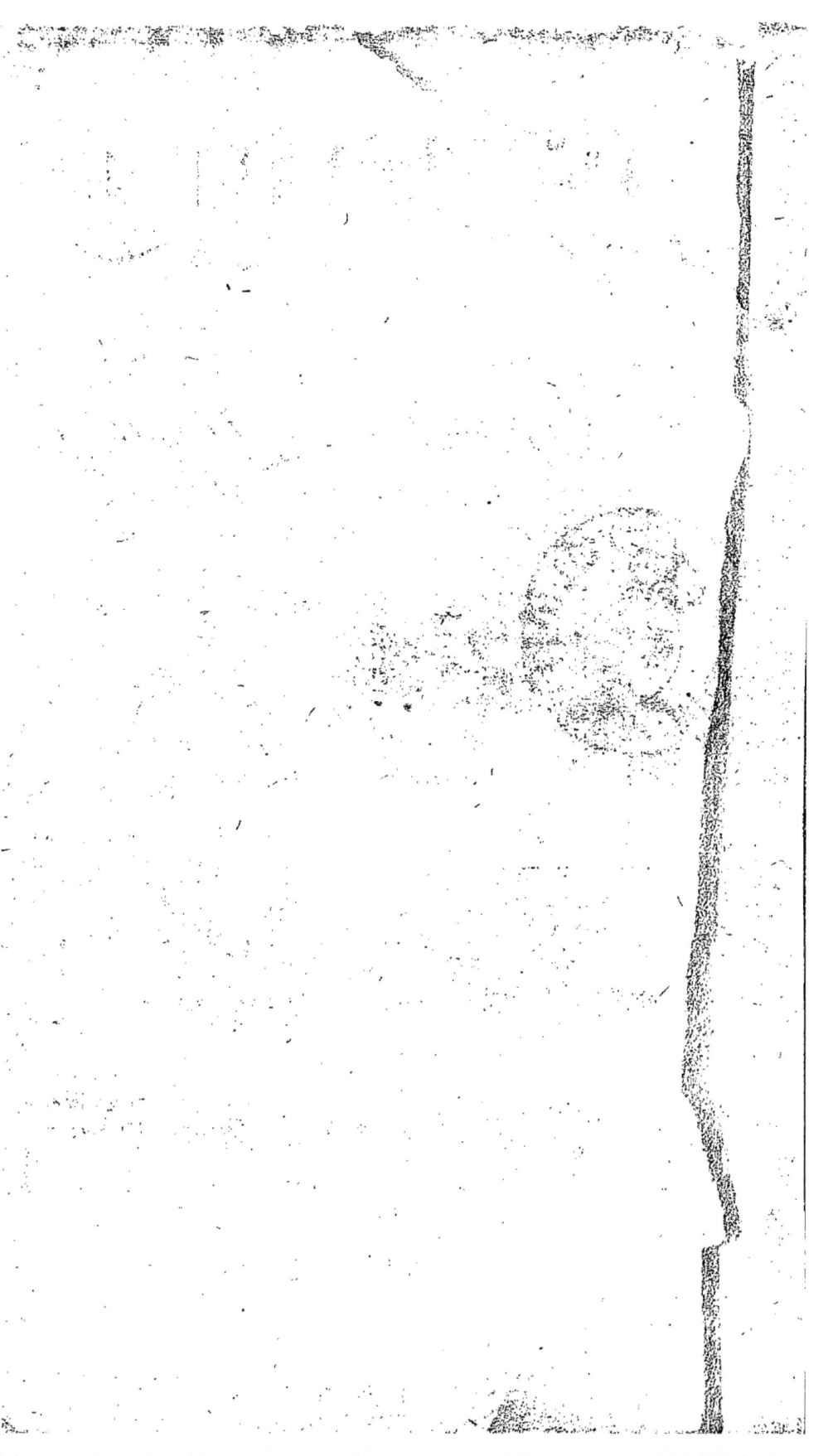

ALPHABET DES ANIMAUX,

CONTENANT :

1° De grosses lettres, et les ba, be, bi, bo, bu ;
2° Les mots d'une, deux, trois, quatre, cinq et six syllabes, le tout bien divisé ;
3° De petites phrases instructives, divisées pour faciliter les enfants à épeler, le tout en très-gros caractères ;
4° Un tableau instructif et amusant des principaux quadrupèdes qui couvrent la surface de la terre, *orné de vingt-cinq gravures en taille-douce, correspondant aux vingt-cinq lettres de l'alphabet*, terminé par de petits complimens en prose, à la portée des enfans du premier âge.

ÉPERNAY, DE L'IMPRIMERIE DE WARIN-THIERRY.

A PARIS,

Chez LOCARD et DAVI, Libraires, quai des Augustins, n° 5, en face le pont Saint-Michel.

1820.

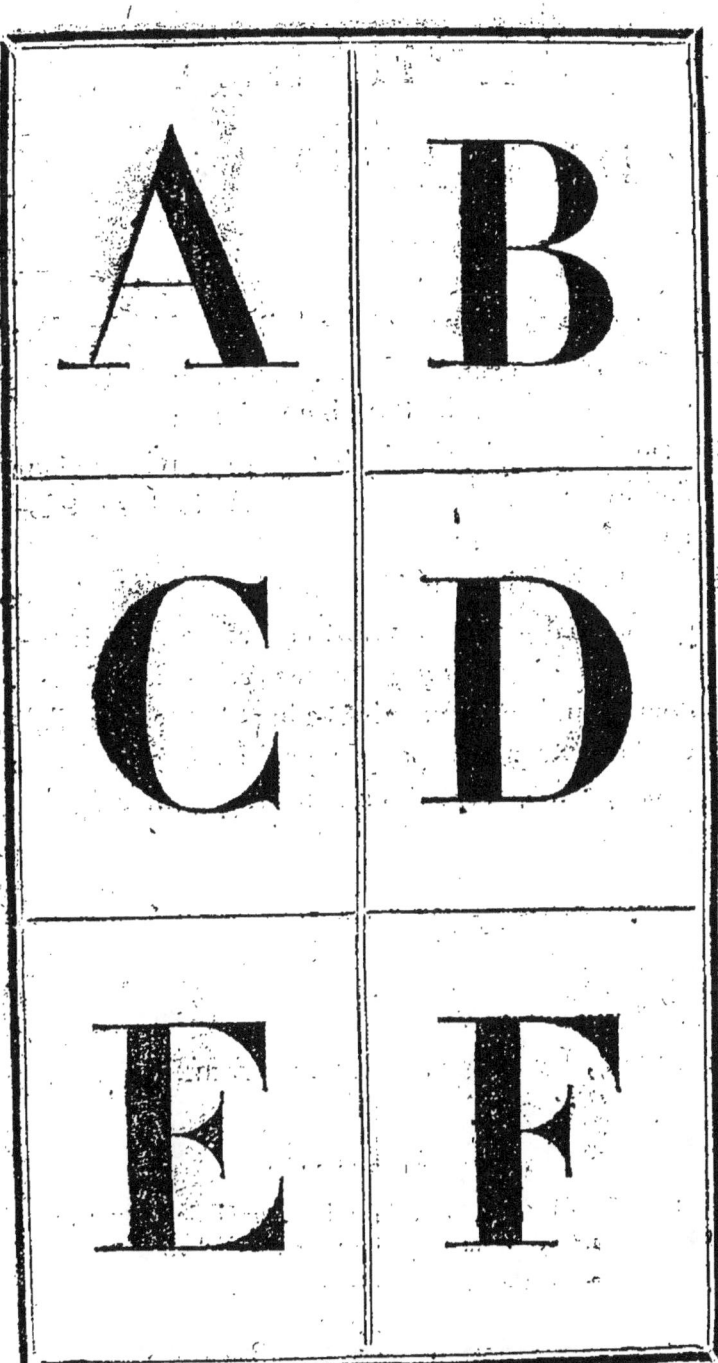

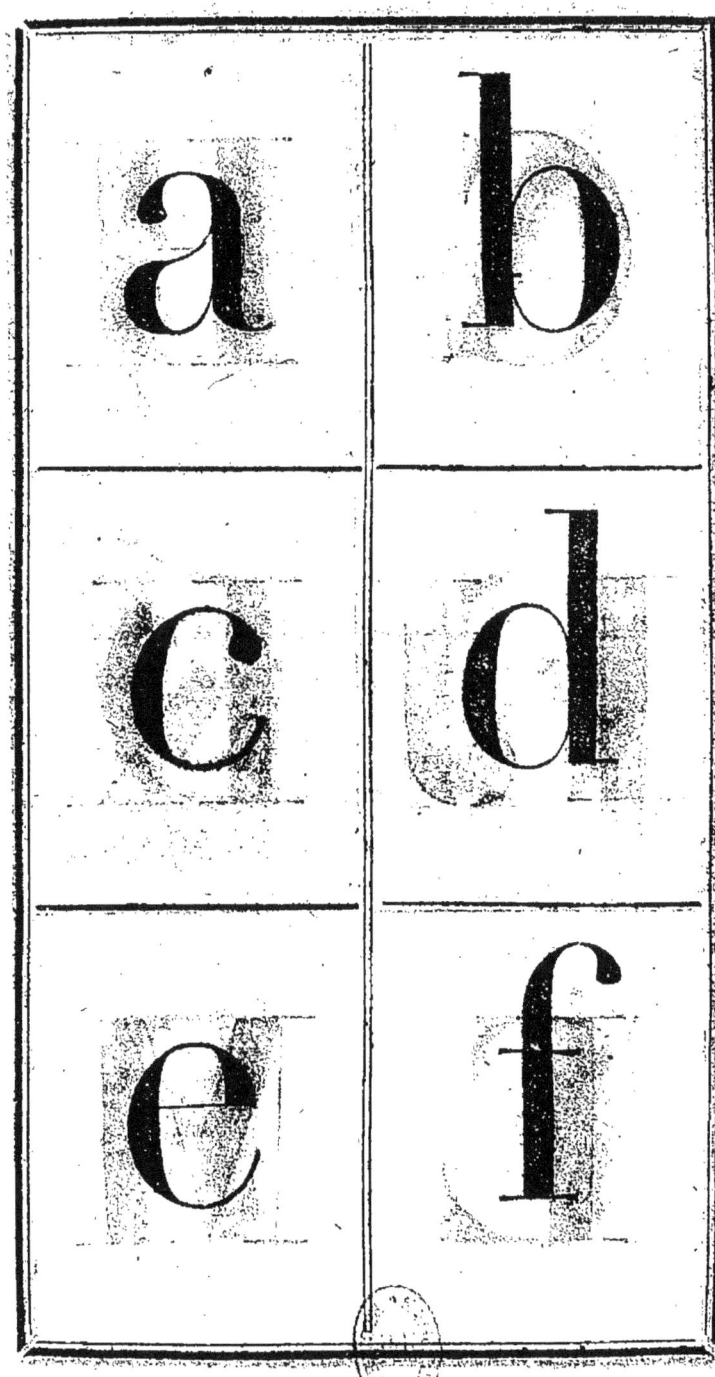

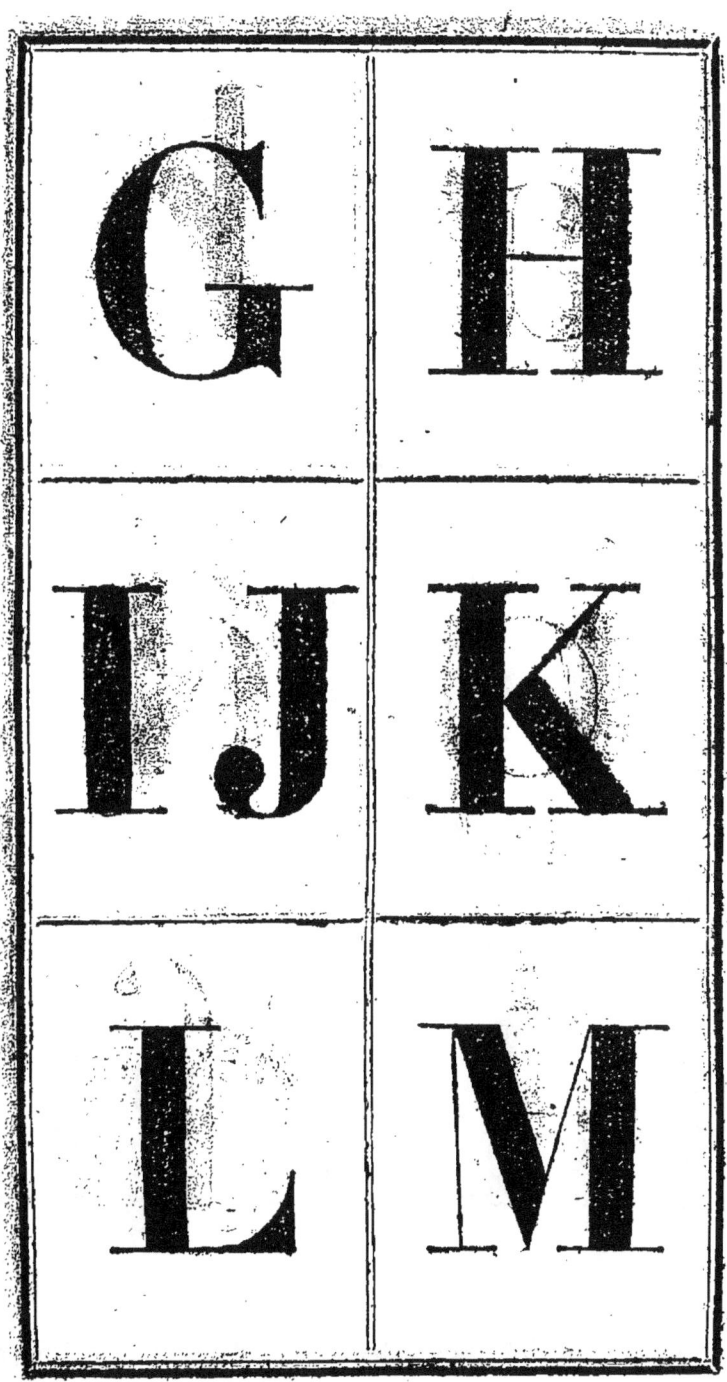

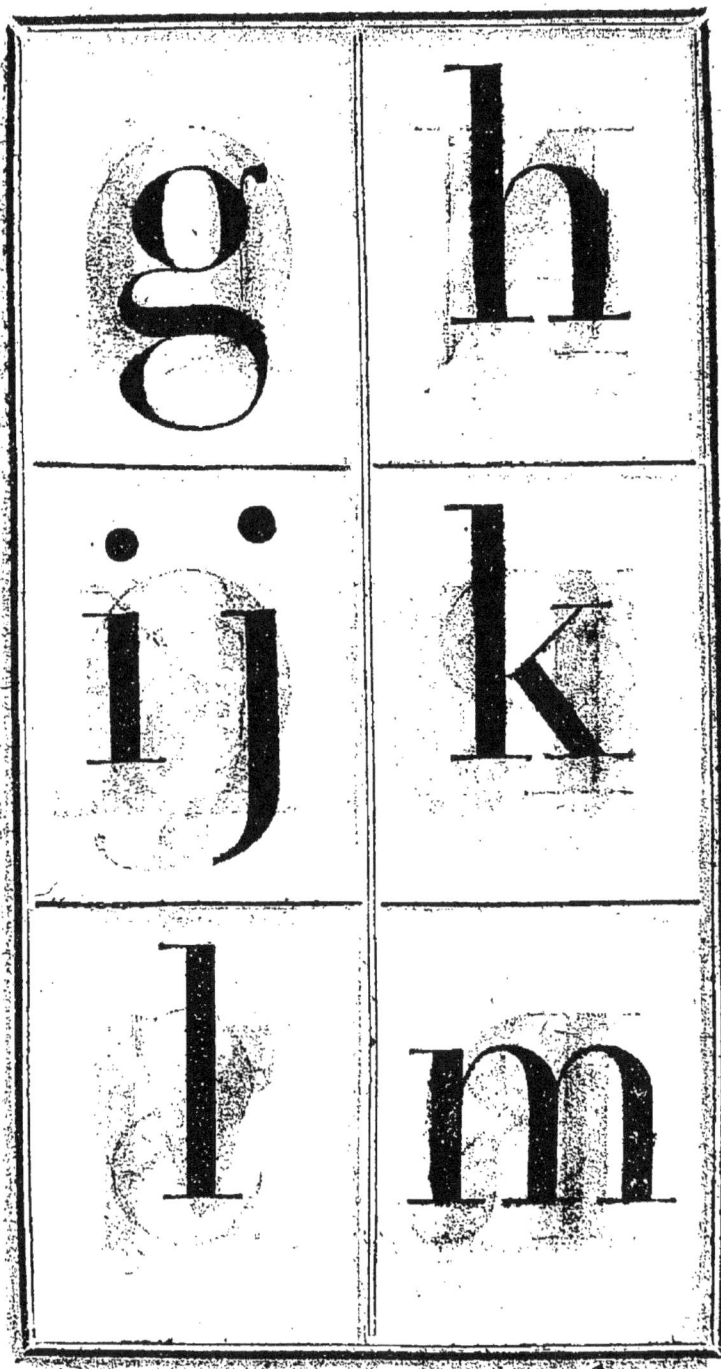

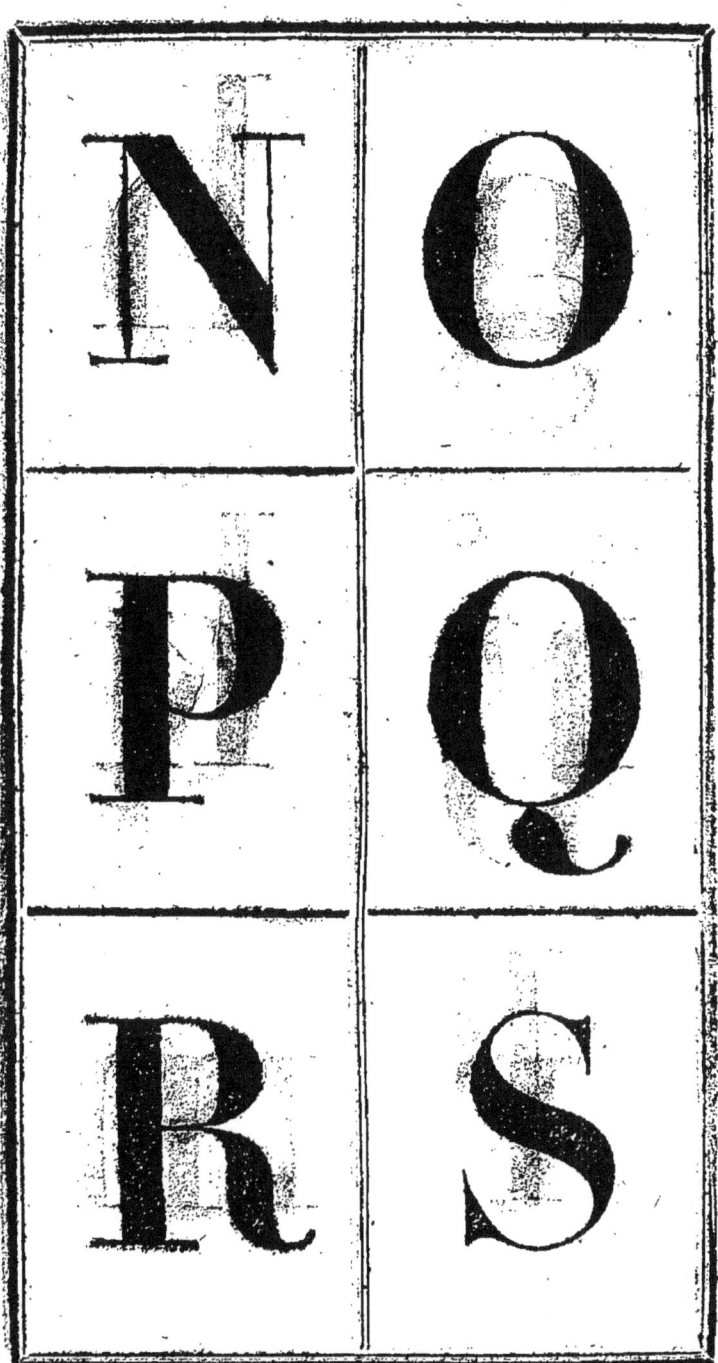

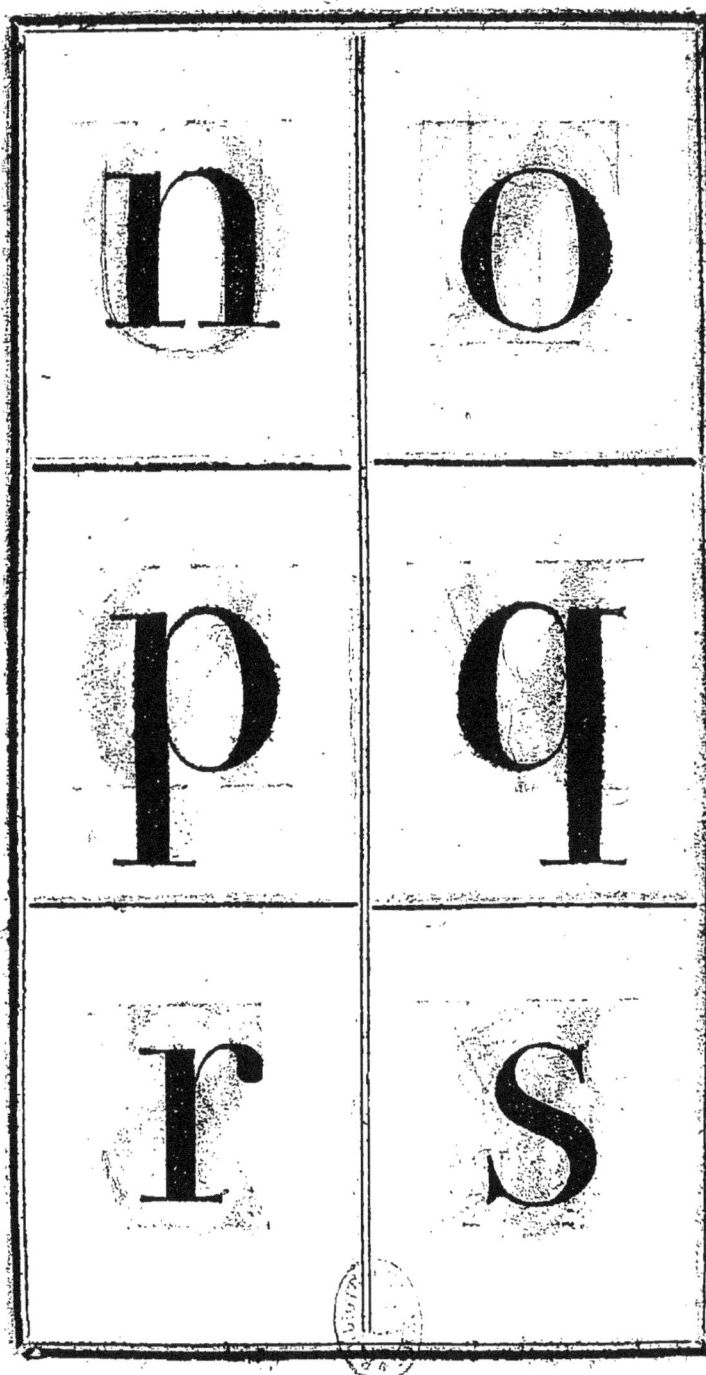

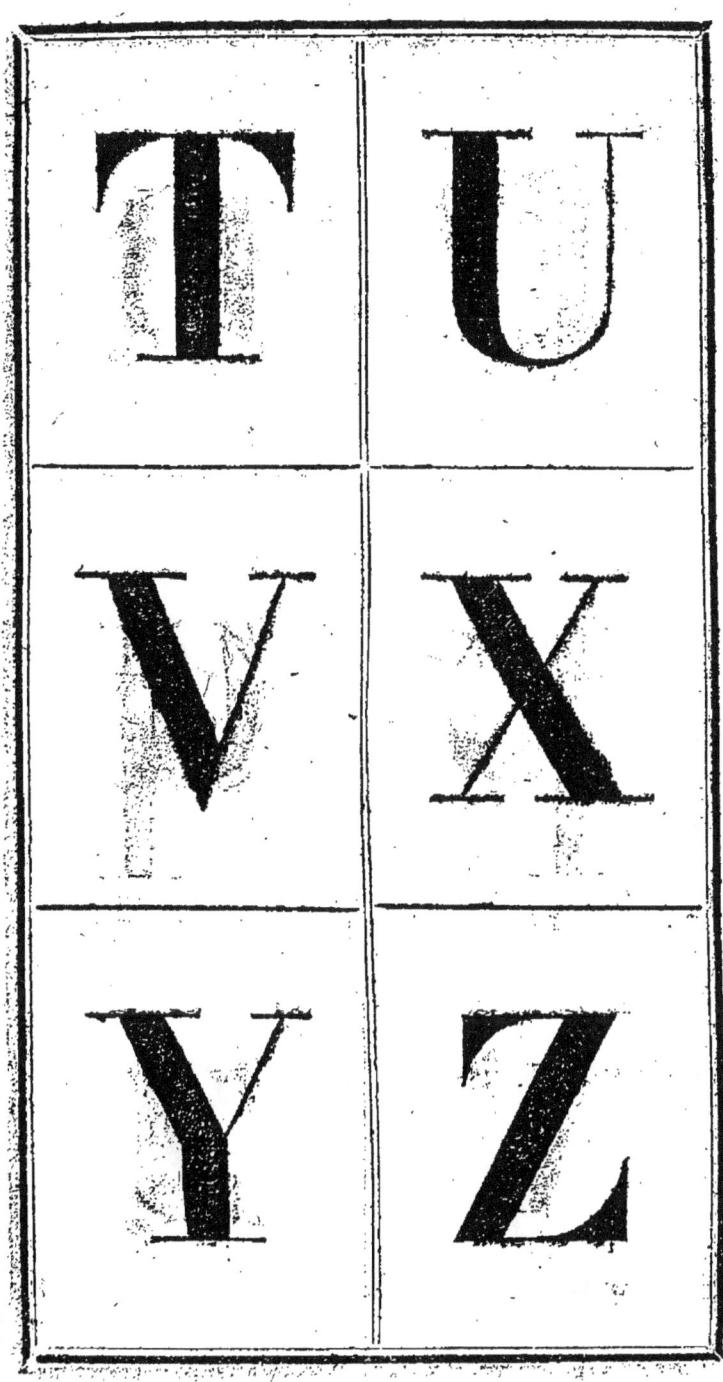

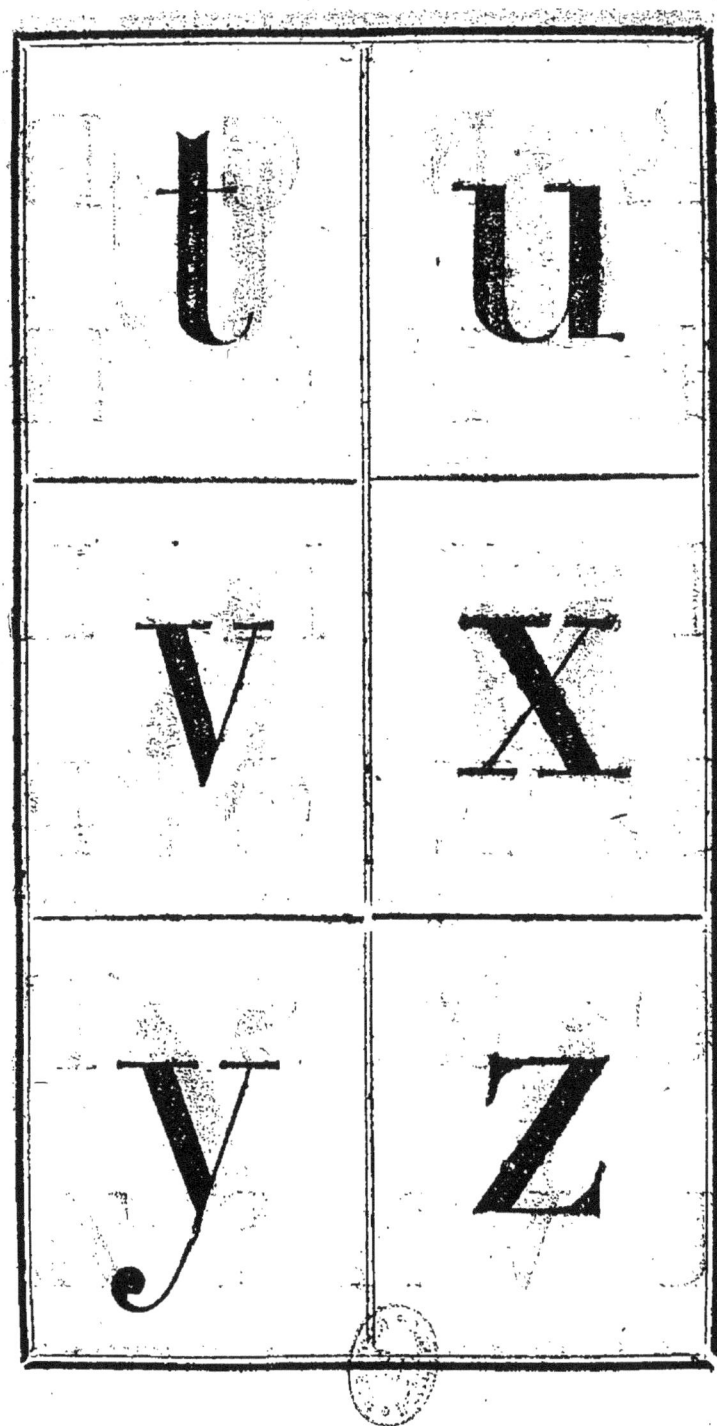

(10)

A B C D
E F G H
I J K L
M N O P
Q R S T
U V X Y Z.

(11)

a b c d

e f g h

i j k l

m n o p

q r s t

u v x y z.

(12)

A	B	C	D
E	F	G	H
I	J	K	L
M	N	O	P
Q	R	S	T
U	V	X	Y	Z.

---

a	b	c	d	e
f	g	h	i	j
k	l	m	n	o
p	q	r	s	t
u	v	x	y	z.

Les lettres doubles.

æ œ fi ffi
fi ffi fl ffl
ff ſb fl ſſ
ſt w.

PONCTUATION.

Apostrophe (') l'orage
Trait-d'union (-) Porte-feuille
Guillemet («)
Parenthèses ( )
Virgule (,)
Point et virgule (;)
Deux points (:)
Point (.)
Point d'interrogation (?)
Point d'exclamation (!)

Voyelles.

a e i ou y o u

Syllabes.

ba be bi bo bu
ca ce ci co cu
da de di do du
fa fe fi fo fu
ga ge gi go gu
ha he hi ho hu
ja je ji jo ju
ka ke ki ko ku

la	le	li	lo	lu
ma	me	mi	mo	mu
na	ne	ni	ño	nu
pa	pe	pi	po	pu
qua	que	qui	quo	qu
ra	re	ri	ro	ru
sa	se	si	so	su
ta	te	ti	to	tu
va	ve	vi	vo	vu
xa	xe	xi	xo	xu
za	ze	zi	zo	zu

ab	eb	ib	ob	ub
ac	ec	ic	oc	uc
ad	ed	id	od	ud
af	ef	if	of	uf
ag	eg	ig	og	ug
ah	eh	ih	oh	uh
ak	ek	ik	ok	uk
al	el	il	ol	ul
am	em	im	om	um
an	en	in	on	un
ap	ep	ip	op	up
aq	eq	iq	oq	uq
ar	er	ir	or	ur
as	es	is	os	us

at	et	it	ot	ut
av	ev	iv	ov	uv
ax	ex	ix	ox	ux
az	ez	iz	oz	uz

bla	ble	bli	blo	blu
bra	bre	bri	bro	bru
cha	che	chi	cho	chu
cla	cle	cli	clo	clu
cra	cre	cri	cro	cru
dra	dre	dri	dro	dru
gla	gle	gli	glo	glu
gna	gne	gni	gno	gnu
gra	gre	gri	gro	gru
pha	phe	phi	pho	phu

pla	ple	pli	plo	plu
pra	pre	pri	pro	pru
tla	tle	tli	tlo	tlu
tra	tre	tri	tro	tru

Lettres accentuées.

é (aigu)
à è ù (graves)
â ê î ô û (circonflèxes)
ë ï ü (tréma)
ç (cédille)

―――――

Pâ-té   Mè-re
Le-çon   Mê-me
Maî-tre A-pô-tre
Hé-ro-ï-ne.

*Mots qui n'ont qu'un son,
ou qu'une syllabe.*

Pain	Vin
Chat	Rat
Four	Blé
Mort	Corps
Trop	Moins
Art	Eau
Marc	Veau
Champ	Pré
Vent	Dent
Vert	Rond

Mots à deux sons, ou deux syllabes à épeler.

Pa-pa Cou-teau
Ma-man Cor-don
Bal-lon Cor-beau
Bal-le Cha-meau
Bou-le Tau-reau
Chai-se Moi-neau
Poi-re Ton-neau
Pom-me Mou-ton
Cou-sin Ver-tu
Gâ-teau Vi-ce

Mots à trois sons, ou trois syllabes à épeler.

Or-phe-lin
Scor-pi-on
Ou-vra-ge
Com-pli-ment
Nou-veau-té
Cou-tu-me
Mou-ve-ment
His-toi-re
Li-ber-té
Li-ma-çon

A-pô-tre
Vo-lail-le
Ci-trouil-le
Mé-moi-re
Car-na-ge
Ins-tru-ment
Su-a-ve
Fram-boi-se
Gui-mau-ve
U-sa-ge

Mots à quatre sons, ou *quatre syllabes à épeler.*

E-ga-le-ment
Phi-lo-so-phe
Pa-ti-en-ce
O-pi-ni-on
Con-clu-si-on.
Zo-di-a-que
E-pi-lep-sie
Co-quil-la-ge
Di-a-lo-gue
Eu-cha-ristie.

Mots à cinq sons, ou cinq syllabes à épeler.

Na-tu-rel-le-ment
Cor-di-a-li-té
Ir-ré-sis-ti-ble
Cou-ra-geu-se-ment

In-con-vé-ni-ent
A-ca-ri-â-tre
In-do-ci-li-té
In-can-des-cen-ce
Ad-mi-ra-ble-ment.
Cu-ri-o-si-té
In-ex-o-ra-ble.

Mots à six sons, ou *six syllabes à épeler.*

In-con-si-dé-ré-ment
Per-fec-ti-bi-li-té
O-ri-gi-na-li-té
Ma-li-ci-eu-se-ment
As-so-ci-a-ti-on
Va-lé-tu-di-nai-re.

Phrases à épeler.

J'ai-me mon pa-pa.

Je ché-ris ma ma-man.

Mon frè-re est un bon gar-çon.

Ma sœur est bien ai-ma-ble.

Mon cou-sin m'a don-né un pe-tit se-rin.

Ma cou-si-ne m'a pro-mis un gâ-teau.

Grand pa-pa doit ap-por-ter un jeu-ne chien.

Gran-de ma-man me don-ne-ra pour é-tren-nes un che-val de car-ton.

J'i-rai de-main me pro-me-ner sur les bou-le-varts a-vec mes ca-ma-ra-des.

Thé-o-do-re a un beau cerf-vo-lant a-vec le-quel je m'a-mu-se-rai bien.

La mai-son de ma tan-te à Vau-gi-rard est très-jo-lie. Il y a dans la cour un grand jeu de quil-les.

Mon on-cle Tho-mas a a-che-té un pe-tit écu-reuil que je vou-drais bien a-voir pour me di-ver-tir.

Di-man-che je n'i-rai pas à l'é-co-le; mon cou-sin Au-gus-te vi-en-dra me cher-cher pour al-ler à la pro-me-na-de.

Phrases à épeler.

Il n'y a qu'un seul Di-eu qui gou-ver-ne le ci-el et la ter-re.

Ce Di-eu ré-com-pen-se les bons et pu-nit les mé-chans.

Les en-fants qui ne sont pas o-bé-is-sants, ne sont pas ai-més de Di-eu ni de leurs pa-pas et ma-mans.

Il faut fai-re l'au-mô-ne aux pau-vres; car on doit a-voir pi-ti-é de son sem-bla-ble.

Un en-fant ba-bil-lard et rap-por-teur, est tou-jours re-bu-té par tous ses ca-ma-ra-des.

On ai-me les en-fants do-ci-les ; on leur don-ne des bon-bons.

Phrases à épeler.

Un en-fant doit ê-tre po-li.

Un en-fant bou-deur est ha-ï de tout le mon-de.

Un en-fant qui est hon-nê-te et qui a bon cœur, est ché-ri de tous ceux qui le con-nais-sent.

Le li-on est le roi des a-ni-maux.

L'ai-gle est le roi des oi-seaux.

Le lys est le roi des fleurs; la ro-se en est la rei-ne.

L'or est le pre-mier des mé-taux; il est le plus dur et le plus ra-re.

La ba-lei-ne est le plus gros des pois-sons de la mer.

Le bro-chet est un pois-son vo-ra-ce, qui dé-truit les autres pois-sons des ri-viè-res et des é-tangs.

L'hom-me a cinq sens, ou cinq ma-ni-è-res d'a-per-ce-voir ou de sen-tir ce qui l'en-vi-ron-ne.

Il voit a-vec les yeux.

Il en-tend par les o-reil-les.

Il goû-te a-vec la lan-gue.

Il flai-re ou res-pire les o-deurs a-vec le nez.

Il tou-che a-vec tout le corps, et prin-ci-pa-le-ment a-vec les mains.

Phrases à épeler.

Les qua-tre é-lé-ments qui com-po-sent no-tre

glo-be, sont : l'air, la ter-re, l'eau et le feu.

Sans air, l'hom-me ne peut res-pi-rer.

Sans la ter-re, l'hom-me ne peut man-ger.

Sans eau, l'hom-me ne peut boi-re.

Sans feu, l'hom-me ne peut se chauf-fer.

La ré-u-nion de ces qua-tre é-lé-ments est donc né-ces-saire à l'hom-me pour vi-vre.

C'est l'air a-gi-té qui pro-duit les vents, qui cau-se les o-ra-ges, les tem-pêtes, et qui est la sour-ce de mil-le phé-no-mè-nes qui ar-ri-vent jour-nel-le-ment dans l'at-mos-phè-re.

C'est la ter-re qui pro-duit tou-tes les subs-tan-ces vé-gé-ta-les dont l'hom-me se nour-rit, ain-si que les a-ni-maux qui la cou-vrent; c'est au fond de la ter-re qu'on trou-ve le mar-bre, l'or, l'ar-gent, le fer et tous au-tres mé-taux.

C'est dans l'eau, c'est-à-dire dans la mer, les fleu-ves, les ri-viè-res et les ruis-seaux que l'on pê-che cet-te quan-ti-té pro-di-gi-eu-se de pois-sons de tou-tes gran-deurs et de tou-tes gros-seurs, qui ser-vent d'a-li-ments à l'homme.

C'est le feu qui é-chauf-fe la ter-re, et qui a-ni-me et qui vi-vi-fie tou-te la na-tu-re. C'est le feu qui nous é-clai-re dans les té-nè-bres.

Les fleurs sont la pa-ru-re de la ter-re, et l'or-ne-ment de nos de-meu-res qu'el-les par-fu-ment de leurs o-deurs a-gré-a-bles.

Les prin-ci-pa-les fleurs

qui em-bel-lis-sent nos jar-dins et par-fu-ment l'air, sont l'œil-let, la re-non-cu-le, la jon-quil-le, la vi-o-let-te, le mu-guet, la tu-bé-reu-se, la gi-ro-flée, la pen-sée, l'i-ris, l'hé-li-o-tro-pe, la mar-gue-ri-te, le jas-min, le li-las, l'a-né-mone, l'hor-ten-si-a, la tu-li-pe, etc. etc.

———

Les ar-bres font l'or-ne-ment de la ter-re.

Les prin-ci-paux ar-bres qui por-tent des fruits pro-pres à la nour-ri-tu-re de l'hom-me, sont le pom-mier, le poi-rier, le pê-cher, l'abri-co-tier, le pru-nier, le ce-ri-sier, le gro-seil-ler, le né-fli-er, le co-gnas-sier, l'o-ran-ger, le ci-tron-nier, le no-yer, etc. etc.

Les ar-bres qui ne por-tent point de fruits pro-pres à la nour-ri-tu-re de l'hom-me, ser-vent à d'au-tres u-sa-ges, et sont em-plo-yés, soit en bû-ches, soit en plan-ches, soit d'au-tre ma-ni-è-re pour les be-soins ou les a-gré-ments de la so-ci-é-té.

Les prin-ci-paux de ces ar-bres sont le chê-ne, l'or-me, le peu-plier, l'é-ra-ble, le sa-pin, le pin, le bou-is, le sau-le, l'a-ca-ci-a, etc.

Les plan-tes que le ci-el a se-mées sur la sur-fa-ce de la ter-re, se di-vi-sent en plan-tes po-ta-gè-res et en plan-tes mé-di-ci-na-les.

Les prin-ci-pa-les plan-tes po-ta-gè-res sont : la ca-rot-te, le na-vet, le chou, le pa-nais, les ra-ves, le po-ti-ron, la lai-tue, le per-sil, la ci-bou-le, le cer-feuil, les sal-si-fis, le cé-le-ri, le poi-reau, les é-pi-nards, l'o-seil-le, etc.

Les prin-ci-pa-les plan-tes mé-di-ci-na-les sont : la bour-ra-che, le chi-en-dent, la gui-mau-ve, la co-ri-an-dre, la fu-me-ter-re, etc. etc.

A. ANE.

Cet animal, quoiqu'il n'ait pas les qualités du cheval, est d'une grande utilité dans les campagnes. Compagnon assidu du villageois pauvre, il partage ses travaux, porte des fardeaux assez considérables, sert au moulin, traîne une petite charrette, etc. Peu délicat sur la nourriture, il mange indifféremment de tout ; il est lent, indocile, têtu, mais patient et laborieux.

B. LE BUBALE.

Cet animal, qui tient par sa conformation, du cerf et du bœuf sauvage, appartient à tout le nord de l'Afrique, et surtout au désert. Il marche en troupe, et se défend avec fureur contre ceux qui l'attaquent. Sa nourriture se compose de substances végétales. Ses petits s'apprivoisent facilement, et paissent avec les troupeaux de bœufs.

C.   CHAMEAU.

Le chameau, originaire d'Arabie, se trouve en Afrique et en Asie. Sa longueur moyenne est de dix pieds sur six de hauteur. Ses principaux caractères distinctifs sont d'avoir au milieu une bosse charnue et cinq estomacs. Il rumine comme le bœuf. Vigoureux et sobre, il rend autant de services que le cheval, le bœuf et l'âne réunis. Sans lui, il eût été impossible à l'homme de traverser les immenses solitudes de l'Asie et les sables brûlants de l'Afrique. Il porte depuis mille jusqu'à douze cents livres pesant, fait douze lieues par jour, et fléchit le genou pour recevoir sa charge; il peut passer huit ou dix jours sans boire ni manger.

D. DAIM.

Cet animal, plus petit que le cerf, auquel il est assez ressemblant, porte aussi, comme lui, un bois ou des cornes.

Les daims vont par troupes comme les cerfs. Ils ont à leur tête un chef, qui marche le premier et qui détermine tous leurs mouvemens. Les cerfs et les daims ne se recherchent que pour se battre, et ils s'attaquent pour ainsi dire en ordre de bataille. Les vaincus sont obligés de prendre la fuite.

La chair de cet animal est un régal pour les chasseurs.

Sa peau est très-estimée ; on en fait des culottes et des gants.

4*

E. ELÉPHANT.

Le plus gros de tous les quadrupèdes connus, généralement répandu dans toutes les contrées méridionales de l'Afrique. Son nez, qu'on appelle trompe, et assez long pour toucher à terre, lui sert à faire tout ce qu'on fait avec la main, et pour porter les alimens à sa bouche. Pour boire il s'en sert comme d'une pompe. Ce sont ses dents que les artistes employent sous le nom d'ivoire. Sa force est prodigieuse; il porte sur son dos une tour armée en guerre ; avec sa trompe il arrache des arbres. Quoique très - lourd il est très-agile et fait vingt lieues par jour. Il mange considérablement. Sa nourriture se compose d'herbes, de feuillages, de graines et de jeunes pousses d'arbres. On l'apprivoise facilement; il est doux et très-intelligent.

F.   FOUINE.

Cet animal est de la grandeur du chat; il a la tête petite, le corps allongé, les jambes très - courtes, une queue presque de la longueur de son corps, bien touffue, et dont le poil a deux pouces de longueur ; sa gorge est blanche.

La fouine, dont l'espèce est généralement répandue, s'approche des habitations, s'établit même dans les vieux bâtimens, dans les greniers à foin, dans des trous de muraille, se glisse aussi dans les colombiers et les poulaillers, mange les œufs, les pigeons et les poulets ; elle prend aussi les souris, les rats, les taupes et les oiseaux dans leurs nids.

Cet animal ne vit guère que

huit à dix ans. Ainsi que la *martre*, il rend des excrémens d'une odeur de musc.

Sa fourrure, quoique moins estimée que celle de la martre, est cependant recherchée dans le commerce.

G. GAZELLE.

Joli quadrupède à pied fourchu, d'une taille fine, bien prise et des plus légers à la course, qui se trouve communément en Afrique, en Asie et aux Indes-Orientales.

Cet animal vit en société et rumine.

La gazelle des Indes, celle qui donne le bézoard, est de la grandeur de la chèvre domestique.

On va à la chasse de ces animaux avec une gazelle mâle et apprivoisée, qu'on mène dans les lieux où il y a des gazelles sauvages, et on parvient à s'en saisir par adresse.

Cet animal est précieux pour le musc, dont il se fait un assez grand débit dans le commerce.

H. HÉRISSON.

Animal innocent et paisible dont le corps est hérissé de pointes qui lui servent de défense contre ses ennemis. On n'en voit point dans les pays froids. Il se nourrit de vers et d'autres insectes. Il se tient ou au pied des arbres, dans la mousse, ou sous des monceaux de pierre. On ne le rencontre pas de tout le jour, mais il marche la nuit. Il reste engourdi pendant l'hiver.

I. ISATIS.

Il y en a de deux couleurs, des blancs, et des blancs cendrés.

L'isatis ressemble au renard, par la forme du corps et par la longueur de la queue; mais par la tête il ressemble au chien.

La voix de l'isatis tient de l'aboiement du chien et du renard.

Cet animal vit de rats, de lièvres et d'oiseaux, et il a autant de finesse que le renard pour les attraper. Il se

jette à l'eau et traverse les lacs pour chercher les nids des canards et des oies ; il en mange les œufs et les petits.

J.   JAGUAR.

Le Jaguar est de la grosseur d'un dogue, et tacheté comme le tigre. Il est carnassier comme ce dernier, et aussi dangereux quand il est pressé par la faim ; quand il a bien mangé, son courage l'abandonne, et on le fait fuir en lui présentant un tison allumé.

Les Jaguars affamés attaquent les bœufs et les vaches en leur sautant sur le cou ; ils enfoncent les griffes de la patte gauche sur le cou ; et lorsque le bœuf est tombé, ils le déchirent et traînent les lambeaux de sa chair dans les bois, après lui avoir ouvert la poitrine et le ventre pour boire tout le sang dont ils se contentent pour une première fois. Ils couvrent ensuite avec des branches d'arbres les restes de leur proie, et ne s'en écartent guère ; mais lorsque la chair commence à se corrompre, ils n'en mangent plus.

K. KABASSOU.

Le Kabassou n'a ni poils ni plumes comme les autres animaux; mais son corps est couvert en partie d'un têt dont la substance est semblable à celle des os. Les bandes osseuses qui composent ce têt, entrent les unes dans les autres, et donnent à l'animal la facilité de se ramasser en une boule qui peut résister à tous les chocs. Cette armure naturelle est couverte d'une peau légère, qui fait l'effet du vernis. Le Kabassou n'est point méchant, ne vit que de fruits, et se creuse un terrier avec plus de promptitude encore que la taupe.

L.   LION.

Le plus fort et le plus terrible des animaux, qui nous vient de l'Asie ou de l'Afrique. Il est remarquable par une longue crinière qui lui ombrage la tête et le cou, et par une queue longue d'environ quatre pieds dont il se sert pour terrasser sa proie. Chacune de ses mâchoires est garnie de quatorze dents, et ses pieds sont armés de griffes. Sa plus grande taille est d'environ huit pieds de longueur sur quatre de hauteur. Sa femelle plus petite ne porte point de crinière. Sa nourriture dans les forêts est la gazelle et le singe. Un bon repas lui suffit pour trois jours. Quand il n'est pas tourmenté par la faim, il n'attaque ni l'homme ni les animaux. Pris jeune, il s'apprivoise assez facilement.

M. MARMOTTE.

La Marmotte ressemble au lièvre par la tête, au blaireau par le poil et les ongles, et à l'ours par les pieds. Elle habite les hauts sommets des Alpes, des montagnes de la Suisse et des Pyrénées, dans des terriers qu'elle approvisionne de foin, pour se nourrir jusqu'au temps de son engourdissement. On l'accoutume facilement à la vie domestique : elle mange de tout, et aime sur-tout le lait. Sa docilité fournit aux jeunes savoyards la ressource de l'offrir comme un objet de curiosité, en la faisant danser au son de la vielle.

N. NIGAULT.

Originaire des climats chauds, cet animal est de la taille d'environ quatre pieds, et ressemble beaucoup au cerf, dont il n'a pas l'agilité. Ses cornes ont six pouces de long. Le Nigault est doux, quoique très-vif, et même familier ; il mange de l'avoine, et de préférence de l'herbe fraîche. Sa viande est bonne, ainsi que son suif; son cuir est ferme et épais.

O. OURS.

On en connaît trois espèces; l'ours brun ou roux est carnassier et féroce ; l'ours noir n'est que farouche et refuse de manger de la chair, et l'ours blanc, qui se trouve dans les contrées septentrionales. Il se retire dans des cavernes ou des arbres creux. En l'apprivoisant, on lui apprend à se tenir debout, à gesticuler et même à danser.

P. PANTHÈRE.

La Panthère ressemble, pour la tournure, à un dogue de forte race. Elle a le regard cruel, les mouvemens brusques et l'air inquiet. Sa peau fauve sur le dos est blanchâtre sous le ventre, et parsemée de grandes taches noires. Elle ne se trouve que dans les contrées les plus chaudes de l'Asie et de l'Afrique. Quoique carnassière, elle attaque rarement l'homme. Malgré sa férocité, on la dompte et on la dresse pour la chasse.

Q. QUINCAJOU.

Animal quadrupède de l'Amérique, de la grosseur d'un chat très-fort, armé de griffes, d'un poil roux. Il a une longue queue qui fait deux ou trois tours sur son dos.

Le Quincajou est fort léger ; il monte sur les arbres et se couche sur une branche, et lorsque l'Orignac, espèce d'élan du Canada, vient à passer, il se jète adroitement sur son cou, l'accolle de ses griffes, et ne le quitte point qu'il ne l'ait terrassé. L'Ori-

gnac tâche de courir à l'eau pour s'y plonger ; alors son ennemi, qui craint l'eau, se jette à terre et l'abandonne.

R. RHINOCEROS.

C'est dans les contrées les plus chaudes de l'Asie qu'on rencontre cet animal, qui a au moins douze pieds de longueur sur six ou sept pieds de hauteur. Il a sur le nez une corne très-dure de deux à trois pieds qui lui sert de défense. Sa peau est comme une cuirasse impénétrable aux griffes des animaux et au fer du chasseur. Sa couleur est noirâtre. Sans être féroce ni carnassier, il est intraitable, brusque, sans intelligence et sans docilité. Il se nourrit d'herbes et de grains. On croit qu'il peut vivre cent ans.

S. SANGLIER.

Le Sanglier n'est autre chose que le cochon dans l'état sauvage. Il a la même manière et les mêmes inclinations que ce dernier.

Le Sanglier a deux longues et fortes dents qu'on appelle défenses, qui le rendent très-dangereux pour les chiens qui le poursuivent, et les chasseurs qui l'attaquent.

La femelle du sanglier s'appelle laie, et ses petits, marcassins.

Le Sanglier vit à-peu-près vingt-cinq ans.

La partie la plus recherchée du Sanglier est la hure ou la tête. On fait avec sa peau des cribles, et avec ses soies des pinceaux et des brosses. Sa graisse sert à faire le saindoux ou le vieux-oing.

T. TAUPE.

Ce petit animal, très-commun en Europe, a les yeux si petits, qu'on dit toujours *aveugle comme une taupe.* Destinée à passer ses jours sous terre, elle y creuse des galeries pour chercher çà et là des racines dont elle se nourrit. Aussi est-elle très-dangereuse pour les potagers. On reconnaît les endroits par où elle a passé, aux monticules de terre qu'elle soulève. Sa peau, garnie de poils très-fins, donne une fourrure très-jolie et assez chère, à cause de la petitesse de l'animal.

U. URSON.

QUADRUPÈDE qui habite les terres désertes du nord de l'Amérique; il est de la grandeur et à-peu-près de la même forme que le Castor, mais il est tout couvert de piquans très-couverts, et qui sont cachés par son poil.

La nourriture favorite de cet animal est l'écorce de genièvre. Il fuit les eaux et habite sous des racines d'arbres. En hiver la neige lui sert de boisson; en été il boit de l'eau et jappe comme un chien. Les sauvages mangent sa chair, et après avoir arraché les piquans de sa peau qu'ils emploient au même usage que les épingles et les aiguilles, ils s'en font de bonnes fourrures.

V.   VARI.

Cet animal, qui est très-sauvage, se trouve dans les forêts de l'Afrique. Il est de la grosseur d'un chien de moyenne grandeur, et est noir ou blanc. Ses pattes de devant et de derrière sont conformées comme celles du singe. Il est furieux comme le tigre, et très-difficile à apprivoiser. Sa voix tient un peu du rugissement du lion, et est effrayante lorsqu'on l'entend pour la première fois.

X. XÉ DES CHINOIS,
Ou animal musqué.

ESPÈCE de cerf qui n'a point de cornes, et dont les dents supérieures canines sont découvertes. Le poil de la vessie où est enfermé le musc est long de trois pouces.

Cet animal est timide. Comme son ouie est fort délicate, il entend de fort loin, et s'enfuit dès qu'on s'approche de lui.

Son musc est le plus parfait et le plus odoriférant de tous. Il est très-recherché par les Levantins, qui en font le plus grand cas.

Le Xé se trouve à la Chine, dans les provinces de Kensi et de Sachuen.

Y. YSQUIEPALTI.

Animal quadrupède de la province de Guatimala dans

la nouvelle Espagne, aux Indes-Occidentales, qui ressemble au renard pour la ruse et la finesse. Il est long de deux palmes. Il a la gueule petite, ainsi que les oreilles, les ongles courbés, la peau noire et velue. Sa queue, mêlée de blanc et de noir, est fort longue; il paraît ressembler au Putois. Il vit dans les cavernes, entre les rochers, et se nourrit d'escarbots, de vers de terre, de poules et d'autres oiseaux. Son urine et sa fiente sont d'une puanteur insupportable et gâtent tout ce qu'elles touchent.

Z. ZEBU.

Le Zébu est une espèce de bœuf que l'on trouve en Asie; il est cependant plus petit que les bœufs de l'Europe. Ce qui le distingue, c'est une grosse bosse qu'il a sur le dos; la bosse de la femelle est moins grosse que celle du mâle.

Le Zébu a la même manière de vivre que nos bœufs et nos vaches. Le petit zébu tette sa mère comme le veau tette la vache, et la femelle a du lait qui est aussi bon que le lait de nos vaches.

COMPLIMENS

A PAPA,

Pour le jour de sa fête.

CHER papa, daigne agréer l'hommage de mon bouquet; c'est le pur don de l'innocence; c'est le symbole de la reconnaissance offert à la tendresse paternelle : ces fleurs passeront, mais mon amour pour toi ne passera jamais.

AU MÊME,

Pour le premier jour de l'an.

JE viens, cher papa, te renouveler au commencement de l'année mes sentimens de tendresse et de reconnaissance. Puisses-tu vivre encore de longues années pour m'aimer comme je t'aime, et pour te le répéter chaque jour! Mes souhaits pour toi sont amitié, santé et prospérité.

A MAMAN,

Pour le jour de sa fête.

CHÈRE maman, toi dont les tendres soins ont veillé sur mon enfance, permets à ton fils (ou à ta fille) de t'offrir, le jour de ta fête, ce bouquet de fleurs, doux tribut de la piété filiale, et reçois ce baiser, gage de mon amour et de ma reconnaissance.

A LA MÊME,

Pour le premier jour de l'an.

LES années, en se renouvelant, ne font qu'accroître ma tendresse pour toi. Je fais, chaque jour, des vœux au ciel pour ta santé, pour ton bonheur; et le mien sera toujours d'aimer maman et de me rendre toujours digne de son amitié.

COMPLIMENS

Au grand-papa, ou à la grand'maman, pour le jour de sa fête.

GRAND-PAPA (ou grand'maman), le jour de ta fête est pour moi un jour d'allégresse, et je viens t'offrir des fleurs : c'est l'encens dont l'innocence fait hommage à la vertu ; en récompense donne-lui un baiser et ta bénédiction.

AUX MÊMES,

Pour le Premier jour de l'an.

LE renouvellement de l'année, grand-papa (ou grand'maman), est pour moi l'occasion de vous renouveler mes sentimens d'amour et de reconnaissance pour vos bienfaits; et si vos ans se prolongent au gré de mes vœux, j'aurai encore long-temps à vous aimer.

COMPLIMENS

A un oncle ou à une tante, le jour de leur fête.

Qu'il est doux pour moi d'offrir à un oncle chéri (ou à une tante chérie) quelques fleurs pour sa fête. J'y ajoute encore l'expression de mon amitié pour lui (ou pour elle), pour sa tendresse et ses bienfaits pour moi ; un baiser, voilà ma seule récompense.

AUX MÊMES,

Pour le premier jour de l'an.

Mon cher oncle (ou ma chère tante), je viens vous souhaiter santé et prospérité : et si les prières de l'innocence sont exaucées, vous verrez encore bien des printemps ; conservez-moi toujours votre amitié, et pour gage donnez-moi encore aujourd'hui un doux baiser.

FIN.

www.ingramcontent.com/pod-product-compliance
Lightning Source LLC
LaVergne TN
LVHW050620090426
835512LV00008B/1585